벌거벗은 임금님

皇帝的新衣
Huángdì de xīn yī

일러두기 ♡

☆ 내가 알고 있는 이야기를 중국어로 읽어보자!!

재미있는 세계 명작 이야기를 예쁜 그림, 쉬운 표현으로
읽다 보면 중국어 실력도 쑥쑥 늘어날 거에요.
배운 내용은 다양한 문제로 풀어보기도 하고 친구들과
함께 간단한 역할극을 하며 동화 속 주인공이 되어 읽어
보아요.

☆ QR로 듣고 보는 이야기책!!

책에 있는 QR코드로 모
든 음원을 스마트폰으로
바로 보고 들을 수 있어요.
▶ 동영상은 유튜브에
서 "중국어세계명작"을
검색하세요.

QR 음원 듣기

QR 동영상 보기

단어도 익혀요.

주인공소개 ☆

임금님

허황된 욕심으로 사기꾼에게 속고 사람들 앞에서 벌거벗은 모습으로 행진하게 된다.

사기꾼

타고난 말솜씨로 왕과 신하를 모두 속이고 큰 돈까지 가로챈다.

신하

임금에게는 충성스러운 신하지만 현명하지 못해 임금에게 잘못된 정보를 전해준다.

3

很久以前有一位皇帝，他非常喜欢漂亮的新衣服。
Hěn jiǔ yǐqián yǒu yí wèi huángdì, tā fēicháng xǐhuan piàoliang de xīn yīfu.

皇帝 huángdì 임금님

有一天，城里来了两个骗子，
Yǒu yì tiān, chéng li láile liǎng ge piànzi,

他们说自己是天下最好的织工，
tāmen shuō zìjǐ shì tiānxià zuì hǎo de zhīgōng,

能够织出最美丽的布。
nénggòu zhīchū zuì měilì de bù.

城 chéng 성
骗子 piànzi 사기꾼
织工 zhīgōng 직조공
能够 nénggòu ~할 수 있다

这两个骗子说：
Zhè liǎng ge piànzi shuō:

"我们织的布非常奇妙，只有聪明的人才能看到。"
"Wǒmen zhī de bù fēicháng qímiào, zhǐyǒu cōngming de rén cái néng kàndào."

奇妙 qímiào 신기하다
聪明 cōngming 똑똑하다

1 只有~才 zhǐyǒu~cái ~해야만 ~이다

6

皇帝给了两个骗子很多织布用的金钱，
Huángdì gěile liǎng ge piànzi hěn duō zhībù yòng de jīnqián,

让他们为自己织布。
ràng tāmen wèi zìjǐ zhībù.

两个骗子每天对着一台空的织布机假装忙碌着。
Liǎng ge piànzi měitiān duìzhe yì tái kōng de zhībùjī jiǎzhuāng mánglùzhe.

过了一段时间，
Guòle　yí duàn shíjiān,

皇帝派了一个最忠实的大臣去看织布的情况。
huángdì　pàile　yí　ge　zuì zhōngshí de dàchén qù kàn zhībù　de qíngkuàng.

派 pài 파견하다
忠实 zhōngshí 충실하다
大臣 dàchén 대신
情况 qíngkuàng 상황

8

大臣来到两个骗子那里，大吃一惊，
Dàchén láidào liǎng ge piànzi nàli, dà chī yì jīng,

因为除了一台空空的织布机，他什么都没有看到。
yīnwèi chú le yì tái kōngkōng de zhībùjī, tā shénme dōu méi yǒu kàndào.

一个骗子问："怎么样？这颜色是不是很漂亮？"
Yí ge piànzi wèn: "Zěnmeyàng? Zhè yánsè shì bu shì hěn piàoliang?"

大臣不想让别人知道他是傻瓜，
Dàchén bù xiǎng ràng biérén zhīdào tā shì shǎguā,

因此他连连点头，
yīncǐ tā liánlián diǎn tóu,

假装很满意的样子回去了。
jiǎzhuāng hěn mǎnyì de yàngzi huíqù le.

3 连连 liánlián 연속해서

傻瓜 shǎguā 바보
满意 mǎnyì 만족스럽다

大臣回去后把骗子织的"布"
Dàchén huíqù hòu bǎ piànzi zhī de "bù"

说得很美，皇帝听了非常高兴。
shuō de hěn měi, huángdì tīngle fēicháng gāoxìng.

皇帝决定亲自去看布。
Huángdì juédìng qīnzì qù kàn bù.

亲自 qīnzì 직접
轮到 lúndào 차례가 되다
震惊 zhènjīng 놀라게 하다
望 wàng 바라보다

12

这次轮到皇帝震惊了，
Zhè cì lúndào huángdì zhèn jīng le,

他望着空空的织布机，心想：
tā wàngzhe kōngkōng de zhībùjī, xīn xiǎng:

'天啊！我怎么什么都没看到？'
"Tiān a! Wǒ zěnme shénme dōu méi kàndào?"

13

皇帝不想让别人知道
Huángdì bù xiǎng ràng biérén zhīdào

自己什么也看不见，
zìjǐ shénme yě kàn bu jiàn,

他大声说：
tā dàshēng shuō:

"漂亮极了！ 快用这种
"Piàoliang jí le! Kuài yòng zhè zhǒng

布给我做一套新衣服！"
bù gěi wǒ zuò yí tào xīn yīfu!"

很快， 新衣服做好了，
Hěn kuài, xīn yīfu zuòhǎo le,

皇帝来试穿新衣服了。
huángdì lái shì chuān xīn yīfu le.

套 tào 벌, 세트
试 shì ~해 보다

15

一件又一件，骗子装模作样地给他穿着。
Yí jiàn yòu yí jiàn, piànzi zhuāngmú zuòyàng de gěi tā chuānzhe.

皇帝很满意，他穿着新衣服去游行。
Huángdì hěn mǎnyì, tā chuānzhe xīn yīfu qù yóuxíng.

件 jiàn 벌(옷을 세는 단위)
装模作样 zhuāngmú zuòyàng 능청스럽게 ~척하다
游行 yóuxíng 행진하다

可是街上的人们看到的
Kěshì   jiē shàng de rénmen kàndào de

只是一个光着身子的皇帝。
zhǐ shì   yí ge guāngzhe shēnzi de huángdì.

街 jiē 길거리

4 光着身子 guāngzhe shēnzi 벌거벗다

17

단어 쏙쏙

Track 08　동영상 보기

织布	zhībù	베를 짜다
让	ràng	~하게 하다
对	duì	향하다
假装	jiǎzhuāng	~인 척하다
忙碌	mánglù	바쁘게 하다
派	pài	파견하다
轮到	lúndào	차례가 되다
震惊	zhènjīng	놀라게 하다
望	wàng	바라보다
试	shì	~해 보다
游行	yóuxíng	행진하다

皇帝	huángdì	임금님
城	chéng	성
骗子	piànzi	사기꾼
织工	zhīgōng	직조공
金钱	jīnqián	돈
织布机	zhībùjī	베틀
大臣	dàchén	대신
情况	qíngkuàng	상황
傻瓜	shǎguā	바보
街	jiē	길거리

能够	nénggòu	~할 수 있다
奇妙	qímiào	신기하다
聪明	cōngming	똑똑하다
为	wèi	~을 위해
忠实	zhōngshí	충실하다
大吃一惊	dà chī yì jīng	크게 놀라다
满意	mǎnyì	만족스럽다
亲自	qīnzì	직접
套	tào	벌, 세트
件	jiàn	벌(옷을 세는 단위)
装模作样	zhuāngmú zuòyàng	능청스럽게 ~척하다

표현 쏙쏙

· 只有~才 zhǐyǒu~cái	~해야만 ~이다
· 除了 chú le	~을 제외하고는
· 连连 liánlián	연속해서
· 光着身子 guāngzhe shēnzi	벌거벗다

풀어 보아요

1 병음을 읽고 알맞은 그림과 한자를 연결하세요.

① shǎguā **②** yīfu **③** yóuxíng **④** huángdì

皇帝 衣服 游行 傻瓜

2 보기의 단어를 찾아 미로를 탈출하세요.

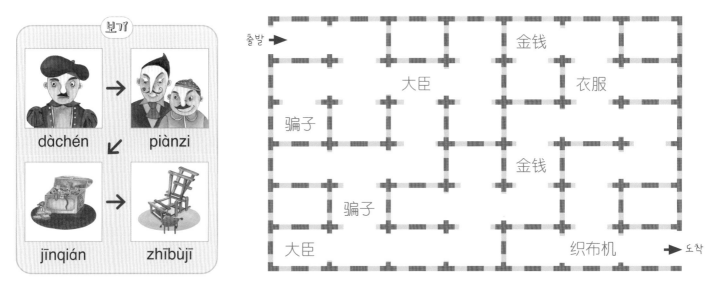

보기

dàchén → piànzi

jīnqián → zhībùjī

출발 →
金钱
大臣 衣服
骗子
金钱
骗子
大臣 织布机 → 도착

잘 듣고 빈칸에 들어갈 글자의 기호를 써 넣은 다음, 큰 소리로 읽어보세요.

보기 ⓐ织布机 ⓑ光着身子 ⓒ奇妙 ⓓ试 ⓔ游行

❶ 두 사기꾼은 "우리가 짠 옷감은 매우 신기합니다. 똑똑한 사람만 볼 수 있거든요."라고 말했지요.

这两个骗子说: "我们织的布非常◯, 只有聪明的人才能看到。"

Zhè liǎng ge piànzi shuō: "Wǒmen zhī de bù fēicháng qímiào, zhǐyǒu cōngming de rén cái néng kàndào."

❷ 그는 텅 빈 베틀을 보면서 속으로 '세상에, 왜 내가 아무것도 보지 못하는 거지?'라고 생각했어요.

他望着空空的◯, 心想: '天啊! 我怎么什么都没看到?'

Tā wàngzhe kōngkōng de zhībùjī, xīn xiǎng: "Tiān a! Wǒ zěnme shénme dōu méi kàndào?"

❸ 얼마 후, 새 옷이 완성되었고, 임금님이 새 옷을 입어보러 왔어요.

很快, 新衣服做好了, 皇帝来◯穿新衣服了。

Hěn kuài, xīn yīfu zuòhǎo le, huángdì lái shì chuān xīn yīfu le.

❹ 임금님은 매우 만족해서, 새 옷을 입고 거리 행진에 나섰어요.

皇帝很满意, 他穿着新衣服去◯。

Huángdì hěn mǎnyì, tā chuānzhe xīn yīfu qù yóuxíng.

❺ 하지만 거리에 있던 사람들 눈에 보인 것은 벌거벗은 임금님뿐이었답니다.

可是街上的人们看到的只是一个◯的皇帝。

Kěshì jiē shàng de rénmen kàndào de zhǐ shì yí ge guāngzhe shēnzi de huángdì.

1 皇帝喜欢的是什么？ 임금님이 좋아하는 것은 무엇인가요?
   Huángdì xǐhuan de shì shénme?

   ❶ 衣服   ❷ 书   ❸ 水果
      yīfu   shū   shuǐguǒ

2 城里来的骗子是做什么的？ 성에 찾아온 사기꾼은 무슨 일을 하나요?
   Chéng li lái de piànzi shì zuò shénme de?

   ❶ 老师   ❷ 农夫   ❸ 织工
      lǎoshī   nóngfū   zhīgōng

3 骗子说什么样的人才能看到布？ 사기꾼은 어떤 사람만 옷감을 볼 수 있다고 했나요?
   Piànzi shuō shénmeyàng de rén cái néng kàndào bù?

   ❶ 漂亮   ❷ 聪明   ❸ 满意
      piàoliang   cōngming   mǎnyì

4 大臣看到骗子织的布怎么样？ 신하는 사기꾼이 짠 옷감을 보고 어땠나요?
   Dàchén kàndào piànzi zhī de bù zěnmeyàng?

   ❶ 吃惊   ❷ 满意   ❸ 生气
      chījīng   mǎnyì   shēngqì

5 皇帝穿着新衣服去做什么了？ 임금님은 새 옷을 입고 무엇을 하러 갔나요?
   Huángdì chuānzhe xīn yīfu qù zuò shénme le?

   ❶ 睡觉   ❷ 游行   ❸ 吃饭
      shuìjiào   yóuxíng   chīfàn

그림 보고 말해요

그림을 보고 상황에 맞는 표현을 연결해 보세요.

①

大臣除了一台空空的织布机,
Dàchén chúle yì tái kōngkōng de zhībùjī,

大臣什么都没有看到。
dàchén shénme dōu méi yǒu kàndào.

②

大臣把骗子织的"布"说得很美,
Dàchén bǎ piànzi zhī de "bù" shuō de hěn měi,

皇帝听了非常高兴。
huángdì tīngle fēicháng gāoxìng.

③

骗子装模作样地给皇帝穿新衣服。
Piànzi zhuāngmú zuòyàng de gěi huángdì chuān xīn yīfu.

임금님은 허영심 때문에 두 사기꾼에게 속고 말았어요. 우리는 마음 속에 진실을 간직하고 자신의 약점을 똑바로 바라보아야지, 허영심으로 가득 찬 사람이 되어서는 안돼요.

皇帝由于虚荣之心上两个骗子的当。
Huángdì yóuyú xūróng zhī xīn shàng liǎng ge piànzi de dàng.

我们要保持一颗真诚的心,敢于正视自己的缺点,不要做爱慕虚荣的人。
Wǒmen yào bǎochí yì kē zhēnchéng de xīn, gǎnyú zhèngshì zìjǐ de quēdiǎn, búyào zuò àimù xūróng de rén.

이야기를 만들어 보아요

앞에서 읽은 이야기의 순서에 맞게 번호를 써 보세요.

很久以前有一位皇帝，
Hěn jiǔ yǐqián yǒu yí wèi huángdì,

他非常喜欢漂亮的新衣服。
tā fēicháng xǐhuan piàoliang de xīn yīfu.

两个骗子每天对着一台空的织布机假装忙碌着。
Liǎng ge piànzi měitiān duìzhe yì tái kōng de zhībùjī jiǎzhuāng
mánglùzhe.

很快，新衣服做好了，他穿着新衣服去游行。
Hěn kuài, xīn yīfu zuòhǎo le, tā chuānzhe xīn yīfu qù yóuxíng.

皇帝给了两个骗子很多织布用的金钱，
Huángdì gěile liǎng ge piànzi hěn duō zhībù yòng de jīnqián,

让他们为自己织布。
ràng tāmen wèi zìjǐ zhībù.

有一天，城里来了两个骗子，
Yǒu yì tiān, chéng li láile liǎng ge piànzi,

他们说自己是天下最好的织工。
tāmen shuō zìjǐ shì tiānxià zuì hǎo de zhīgōng.

왼쪽과 오른쪽 그림을 보고 어디가 다른지 찾아보세요. (총 5개)

 미니연극

상황1	등장인물 나레이션 / 사기꾼 1 / 사기꾼 2 / 임금님 / 신하
	상황설명 두 명의 사기꾼이 잘 차려 입은 임금님을 찾아온 장면

나레이션	很久以前，有一位皇帝非常喜欢漂亮的新衣服。 Hěn jiǔ yǐqián, yǒu yí wèi huángdì fēicháng xǐhuan piàoliang de xīn yīfu. 옛날 옛적에 아름다운 새 옷을 매우 좋아하는 임금님이 살고 있었습니다. 有一天，城里来了两个骗子。 Yǒu yì tiān, chéng li láile liǎng ge piànzi. 어느 날 사기꾼 두 명이 성으로 찾아왔어요.
사기꾼 1	(우쭐거리며 자랑하듯) "我们是天下最好的织工。" "Wǒmen shì tiānxià zuì hǎo de zhīgōng." 우리는 세상에서 가장 뛰어난 직조공이랍니다.
사기꾼 2	"我们织的布只有聪明的人才能看到。" "Wǒmen zhī de bù zhǐyǒu cōngming de rén cái néng kàndào." 우리가 짠 옷감은 똑똑한 사람만 볼 수 있죠.
임금님	"哦，是吗？那你们为我织出最美丽的布。" "Ò, shì ma? Nà nǐmen wèi wǒ zhīchū zuì měilì de bù." 오, 그래? 그럼 나를 위해 가장 아름다운 옷감을 짜도록 하여라
나레이션	(두 명의 사기꾼이 열심히 옷감을 짜는 시늉을 한다) 过了一段时间，皇帝派了一个最忠实的大臣去看织布的情况。 Guòle yí duàn shíjiān, huángdì pàile yí ge zuì zhōngshí de dàchén qù kàn zhībù de qíngkuàng. 얼마 후 임금님은 가장 충성스런 신하를 보내 옷감 만드는 상황을 살펴보도록 했어요.
사기꾼 1	(신하가 당황한 표정을 짓자) "怎么样？这颜色是不是很漂亮？" "Zěnmeyàng? Zhè yánsè shì bu shì hěn piàoliang?" 어떠신지요? 옷감의 색이 매우 아름답지 않습니까?
신하	(고개를 끄덕이며 만족한 표정을 지으며) "很好，很好。你们织的布果然很漂亮。" "Hěn hǎo, hěn hǎo. Nǐmen zhī de bù guǒrán piàoliang." 좋네요, 좋아. 당신들이 짠 옷감은 과연 매우 아름답군요.

등장인물 나레이션 / 임금님 / 사기꾼 / 거리 사람들
상황설명 임금님이 옷을 만들고 있는 사기꾼을 찾아가는 장면

나레이션	这一次，皇帝亲自去看布了。 Zhè yí cì, huángdì qīnzì qù kàn bù le. 이번에는 임금님이 직접 옷감을 보러 갔습니다.
임금님	(두 사기꾼이 옷을 만드는 모습을 지켜보며 혼잣말로) '天啊! 我怎么什么都没看到?' "Tiān a! Wǒ zěnme shénme dōu méi kàndào?" 세상에, 왜 나한테는 아무것도 안 보이는 거지?
사기꾼	(옷을 입혀주는 시늉을 하며) "我们为您做的衣服，已经准备好了。您喜欢吗?" "Wǒmen wèi nín zuò de yīfu, yǐjīng zhǔnbèi hǎo le. Nín xǐhuan ma?" 저희가 당신을 위해 만든 옷이 준비됐습니다. 마음에 드십니까?
임금님	(큰 소리로 외치며) "漂亮极了! 我想快点儿穿这件新衣服!" "Piàoliang jí le! Wǒ xiǎng kuàidiǎnr chuān zhè jiàn xīn yīfu!" 정말 아름답구나! 얼른 이 새 옷을 입어보고 싶구나!
나레이션	(임금님이 만족한 듯 행진하는 모습을 사람들이 보고 있다) 皇帝很满意，穿着新衣服去游行。 Huángdì hěn mǎnyì, chuānzhe xīn yīfu qù yóuxíng. 임금님은 매우 만족해하며 새 옷을 입고 거리 행진에 나섰어요.
거리 사람들	(고개를 갸우뚱거리며) "啊? 为什么皇帝光着身子游行呢?" "Á? Wèishénme huángdì guāngzhe shēnzi yóuxíng ne?" 어? 왜 임금님이 벌거벗고 행진을 하지?

해석

p.4 옛날 옛적에 임금님이 살고 있었어요. 그는 아름다운 새 옷을 매우 좋아했답니다.

p.5 어느 날 사기꾼 두 명이 성으로 찾아왔어요. 그들은 자신들이 세상에서 가장 뛰어난 직조공이라며 가장 아름다운 옷감을 짤 수 있다고 말했어요.

p.6 두 사기꾼은 "우리가 짠 옷감은 매우 신기하답니다. 똑똑한 사람만 볼 수 있거든요." 라고 말했지요.

p.7 임금님은 두 사기꾼에게 옷감을 짜는 데 쓸 돈을 많이 주어 자신을 위해 옷감을 짜도록 했어요. 두 사기꾼은 매일 텅 빈 베틀을 마주하고 바쁜 시늉을 했어요.

p.8 얼마 후, 임금님은 가장 충성스러운 신하를 보내 옷감 만드는 상황을 살펴보도록 했어요.

p.9 두 사기꾼에게로 간 신하는 크게 놀랐어요. 텅텅 빈 베틀 외에는 아무것도 볼 수 없었기 때문이에요.

p.11 한 사기꾼이 물었어요. "어떠신지요? 옷감의 색이 매우 아름답지 않습니까?"

신하는 사람들이 그가 바보라는 것을 알게 하고 싶지 않았어요. 그래서 계속 고개를 끄덕이며 아주 만족한 척을 하고 돌아갔어요.

p.12 신하는 돌아간 뒤 사기꾼의 옷감이 매우 아름답다고 말했어요. 그 말을 들은 임금님은 매우 기뻐했어요. 임금님은 자신이 직접 옷감을 보러 가기로 했어요.

p.13 이번엔 임금님이 놀랄 차례였어요. 그는 텅 빈 베틀을 보면서 속으로 '세상에, 왜 내가 아무것도 보지 못하는 거지?'라고 생각했어요.

p.15 임금님은 사람들이 자신이 아무것도 보지 못했다는 것을 알리고 싶지 않았어요. 그는 큰 소리로 말했어요. "정말 아름답구나! 어서 이 옷감으로 나에게 새 옷을 만들도록 해라."

얼마 후 새 옷이 완성되었어요. 임금님이 새 옷을 입어보러 왔어요.

p.16 한 벌 한 벌 사기꾼은 능청스럽게 임금님에게 옷을 입혀주었어요. 임금님은 매우 만족했어요. 그는 새 옷을 입고 거리 행진에 나섰어요.

p.17 하지만 거리에 있던 사람들 눈에 보인 것은 벌거벗은 임금님뿐이었답니다.

P.4 很久以前有一位皇帝，他非常喜欢漂亮的新衣服。

P.5 有一天，城里来了两个骗子，他们说自己是天下最好的织工，能够织出最美丽的布。

P.6 这两个骗子说："我们织的布非常奇妙，只有聪明的人才能看到。"

P.7 皇帝给了两个骗子很多织布用的金钱，让他们为自己织布。两个骗子每天对着一台空的织布机假装忙碌着。

P.8 过了一段时间，皇帝派了一个最忠实的大臣去看织布的情况。

P.9 大臣来到两个骗子那里，大吃一惊，因为除了一台空空的织布机，他什么都没有看到。

P.11 一个骗子问："怎么样？这颜色是不是很漂亮？"

大臣不想让别人知道他是傻瓜，因此他连连点头，假装很满意的样子回去了。

P.12 大臣回去后把骗子织的"布"说得很美，皇帝听了非常高兴。皇帝决定亲自去看布。

P.13 这次轮到皇帝震惊了，他望着空空的织布机，心想：'天啊！我怎么什么都没看到？'

P.15 皇帝不想让别人知道自己什么也看不见，他大声说："漂亮极了！快用这种布给我做一套新衣服！"

很快，新衣服做好了，皇帝来试穿新衣服了。

P.16 一件又一件，骗子装模作样地给他穿着。皇帝很满意，他穿着新衣服去游行。

P.17 可是街上的人们看到的只是一个光着身子的皇帝。

정답 확인

풀어 보아요   p.19

1
- ❶ shǎguā
- ❷ yīfu
- ❸ yóuxíng
- ❹ huángdì

皇帝　　衣服　　游行　　傻瓜

2
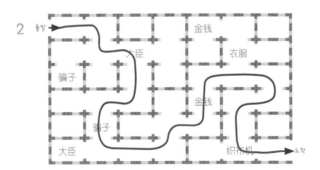

듣고 말해요   p.20

1 ⓒ
2 ⓐ
3 ⓓ
4 ⓔ
5 ⓑ

궁금해요   p.21

1 ❶
2 ❸
3 ❷
4 ❶
5 ❷

❶

❷

❸

大臣除了一台空空的织布机，
Dàchén chúle yì tái kōngkōng de zhībùjī,
他什么都没有看到。
tā shénme dōu méi yǒu kàndào。

大臣把骗子织的"布"说得很美，
Dàchén bǎ piànzi zhī de "bù" shuō de hěn měi,
皇帝听了非常高兴。
huángdì tīngle fēicháng gāoxìng。

骗子装模作样地给皇帝穿新衣服。
Piànzi zhuāngmú zuòyàng de gěi huángdì
chuān xīn yīfu。

이야기를 만들어 보아요 p.23

	很久以前有一位皇帝， Hěn jiǔ yǐqián yǒu yí wèi huángdì, 他非常喜欢漂亮的新衣服。 tā fēicháng xǐhuan piàoliang de xīn yīfu。	**1**
	两个骗子每天对着一台空的织布机假装忙碌着。 Liǎng ge piànzi měitiān duìzhe yì tái kōng de zhībùjī jiǎzhuāng mánglùzhe。	**4**
	很快，新衣服做好了，他穿着新衣服去游行。 Hěn kuài, xīn yīfu zuòhǎo le, tā chuānzhe xīn yīfu qù yóuxíng。	**5**
	皇帝给了两个骗子很多织布用的金钱， Huángdì gěile liǎng ge piànzi hěn duō zhībù yòng de jīnqián, 让他们为自己织布。 ràng tāmen wèi zìjǐ zhībù。	**3**
	有一天，城里来了两个骗子， Yǒu yì tiān, chéng li láile liǎng ge piànzi, 他们说自己是天下最好的织工。 tāmen shuō zìjǐ shì tiānxià zuì hǎo de zhīgōng。	**2**

틀린 그림 찾기  p.24~25

편저   정선화

이화여자대학교 통역번역대학원 한중과 졸업
前 공자아카데미 신HSK 4급 동영상 강의
現 CJ E&M 등 기업체 출강
現 프리랜서 통번역사 활동

중국어 세계 명작 시리즈 ❸

벌거벗은 임금님 皇帝的新衣
Huángdì de xīn yī

개정2판	2025년 4월 25일
편저	정선화
삽화	유혜림
내용책임	이은아
발행인	이기선
발행처	제이플러스
주소	경기도 고양시 덕양구 향동로 217
전화	02-332-8320
등록번호	제10-1680호
등록일자	1998년 12월 9일
홈페이지	www.jplus114.com
ISBN	979-11-5601-278-8

값 17,000원